聆听汉字之美

花草字传

Tales of the Words
for Flowers
and Grasses

萌芽开花

Budding and Blooming

张一清 著
梁 艳 读

山东友谊出版社

芽 才 枝

萼 不

蕊 荣 葩

花

华

英

朵

苞

蓓蕾

前言

我写这套书源于一个既偶然却又必然的机会。

央视新闻主播梁艳和我是参加《中国汉字听写大会》时的同事，她在现场是考官，我是嘉宾，就这样，我们逐渐熟识了。后来我们经常聊一些与汉字和文化有关的话题，我们的漫谈看似海阔天空，实则形散而神不散。我凭着一点还不算驽钝但也谈不上敏锐的领悟力，慢慢意识到应当把对汉字的感受与更多的朋友分享。

恰在此时，又有新老媒体都做得颇有心得的龙朝朝女士、浸淫美术和出版多年的姜海涛女士也加入了我们的漫谈。大家由于志趣相投，倒也省却了许多客套的环节。漫无边际之中，我们的谈话渐渐聚焦于几个问题：

第一，我们每天都离不开的汉字是怎么发展到今天的。

第二，表示我们身边大小事物的汉字跟这些事物本身有什么联系。

第三，我们应该如何把汉字中的内涵和中华文化意蕴告诉我们的后代。

说实话，每一个话题都不小，想要真正说清楚又谈何容易。好在我们几位都是比较务实的人，而且对我在汉字方面有几斤几两也都心中有数。因此，我们打算就从最常见的事和最常用的字入手，力争用文字、声音和图画联合呈现的方式，尽量传递汉字与中华文明的意韵与优美。

看一看我们身边的大千世界，花草树木无处不在，可是除了植物学家，我辈凡夫俗子对它们中的绝大多数大概是叫不出“姓名”的；而且就算对那些能知道名姓的“赤橙黄绿”，我们也不一定能真正了解这些称呼的来源和寓意。

对于自然界的万千植物，传统文化从多种角度都有过一些表述，如“人非草木，孰能无情”“落红不是无情物”等等。

以上两种看似矛盾的习惯用语和诗句，其实它们各自都有自身的针对性：前者强调人是“性情中人”，理应有情有义，其中也包括对自然万物的情与义；后者则彰显草芥也是有感觉、有情怀的生命体，同样需要人类的关注与尊重。

中华文明上下几千年，从古至今一向不缺乏寄情自然的人与事：“东篱采菊”的陶令，“梅妻鹤子”的林逋，守着十棵参差不齐古松怡然自得的白居易，还有宁可食无肉也要居有竹的苏东坡……无数先贤用他们体察、关爱自然的胸怀，在“菊、梅、松、竹” 等汉字中镌刻真情与大爱，并给后人留下玩味和感动的空间与源泉。

另一方面，大自然的寻常之物若与人类相比，看似“心智”不全，实则“心地”善良。例如描摹谷穗下垂状态惟妙惟肖的“禾”字，原来是农作物扬花吐穗之后不忘根本，俯首向滋养、支撑自己的根部致意；而《诗经》中“常棣之华，鄂不韡韡。凡今之人，莫如兄弟”，则又给“萼（鄂）、不（跗、柎）”等字注入了浓浓的兄弟之情……看起来，大千世界处处有情，汉字之中韵味无穷。

本着上面这点粗浅认识，我们几个人讨论并形成了首先写一写汉字中的花草树木这样的思路。

承蒙山东友谊出版社的抬爱，他们拟议并通过了这个出版选题，而且协调精兵强将筹划实施出书事宜。在他们的大力支持下，这套小书最终得以问世。在此特别感谢为本书付出辛勤劳动的出版社编辑以及工作人员。

我们还要向《中国汉字听写大会》的总导演关正文表示敬意与谢意，敬重他坚持不懈推动汉字和中华文化的普及与传承，感谢他客观上为这套书的萌生提供了必要的机缘。

对于本套书引用到的大量古今经典，我们更是对创造它们的巨人、大师感念于心并满怀敬意。感谢他们用挺直的脊梁支撑起灿烂悠久的中华文明！感谢他们用坚实的肩膀支持着一代又一代人不断进步与创新！

我还要感谢我的太太胡明女士和女儿张牧笛小姐，因为她们是书稿的第一审阅者，她们向我提出了许多富有建设性的意见与建议，书稿中也凝结着她们的心血。

最后，我们也必须向本书读者表示由衷的感谢。因为你们的关注将是我们继续探究汉字与中华文化的不竭动力，特别是你们的批评与指正也必将使我们不断增长知识，并且和你们一道更好地传承我们中华民族绵延数千年的优秀文化。

张一清

2016 年 7 月

目录

扫描收听有声版

芽

yá

芍

小篆

隶书

楷书

行书

“芽”这个字由“艹”和“牙”构成，上边的“艹”表示这个字的意思和草木有关，下边的“牙”表示它的读音。它最初的意思就是植物的种子吸收阳光雨露和泥土给予的营养，积聚能量破甲而出、萌发幼芽。

古代的时候，对于草木幼芽还分成两种不同情况：一种是垂直向上的幼芽，称为“萌”；还有一种是弯曲呈钩状的幼芽，叫做“句①”。例如《礼记·月令》：“生气方盛，阳气发泄，句者毕出，萌者尽达。”这句话非常精当地描述了春天来临万物萌动的情景：和煦的阳光洒下勃勃生机，唤醒沉睡中的种子和树木，广袤的沃野和万千枝条上一片“小荷才露尖尖角”，

① 这里的“句”读作gōu，意思和“勾”接近。例如春秋末年卧薪尝胆的越王“勾践”在一些古代文献中也写作“句践”。

春酣图
明
戴进

群鹅图
清
恽寿平

弯的、直的，各种嫩芽竞相钻出大地和茎秆母亲的怀抱，在阳光下露出稚嫩的笑脸。

这无疑是一幅毫发毕现的生命律动图！可见古人观察事物是多么细致，字词和语言表达形式又是多么丰富。

“芽”由于是生命体周而复始的标志和象征，因此，从古至今它就是正能量的代表，例如《红楼梦》中的《赏海棠花妖诗》②：“草木逢春当茁芽，海棠

② 《红楼梦》第九十四回内容，应当是高鹗所作。

花卉册页 荷花
明
项圣谟

未发候偏差”，还有唐代诗人薛能《柳枝词》：“晴垂芳态吐芽新，雨摆轻条湿面春”。其中的“茁芽”和“吐芽”展现的就是在春季来临的时候花木萌发又一轮新芽，天地万物一道营造出春的美景。

十二月令图之季春之月
清
佚名

当然，对于一切消极事物而言，它们也都存在着蠢蠢欲动的萌发期，因此，“芽”偶尔也会在表示负面含义的词语中现身。例如《三国志·吴书》：“大行皇帝览古戒今，防芽遏萌，虑于千载”，这句话褒扬的是三国时期东吴的孙权，说他以史为鉴思虑东吴的统治，对一切错误和祸患都能明察秋毫，防患于未然。

另外，现在已经遍及全球，但是根在中国的“茶文化”也与“芽”有着千丝万缕的联系，例如“青芽、瑞芽、仙芽、玉芽、云芽”指的都是佳茗。

再行一步

汉语里表示“茶”的词语如此丰富，充分表明中国是“茶”的原产国。而且在我国历史上，还流传着许多与茶叶有关的故事。

安徽省黄山市休宁县出产一种名叫“松萝茶”的绿茶，据说这种茶叶的诞生就来源于一个有趣的传说。故事的大致内容是：

休宁松萝山上有一座寺庙，寺院的山门外曾经有两口年代久远的水缸，缸壁上挂满绿色苔藓。当年有一位施主表示愿以重金购买这两口缸，于是寺院住持让僧众倒掉缸中的水，并将缸体洗刷一新。哪曾想，施主见到两口“新缸”，言称灵气已失，因此不买了。但是他提醒住持，倾倒缸水的地方必有灵异。果然，后来缸水浸润的土地上长出了几株茶树，嫩芽灵动，清香扑鼻。就是这茶树的幼芽，后来还在一次瘟疫流行的时候，成为治愈民众疾患的灵丹妙药。

因为这种茶产自松萝山，所以就被命名为“松萝茶”。这种茶还是古代从神州大地远渡重洋、销往欧洲的最早的茶叶品种。

此外，在浩如烟海的中华经典中，也处处闪动着茶的身影，例如唐代陆龟蒙《奉和袭美茶具十咏·茶灶》：“盈锅玉泉沸，满甑云芽熟”；还有宋代毛滂《破子》：“怕将醒眼看浮世，不换云芽雪水。”一读到这儿总是让人在脑海中不由自主地浮现出浸泡在清莹山泉水中的茶树嫩芽。

芽

品茶图轴
明
陈洪绶

扫描收听有声版

才

cái

“才”的甲骨文字形是，描画的是草木嫩芽初萌、植根大地的状态。字的最上面就像种子发芽后刚刚破土而出，下面则像根蔓深深扎在泥土之中。

现在就让我们闭上双眼，试着想一想以下若干画面：

和风渐暖时，犁田、下种的农人，赫然看到田间地垄已经泛出绒绒绿意；

第一次尝试栽种的幼儿，浇水时猛然发现一缕稚嫩的绿色扑进眼帘；

驻守茫茫戈壁的士兵，整理营房时硬生生停下手中的扫帚，因为他眨了眨眼睛之后，还是看到院子一角有些颤抖的小草。

……

窦燕山教子图
清
任薰

春风图
清
恽寿平

这样的画面之后，如果再进一步发挥一下想象力，或许我们还会观赏到：金风送爽时麦浪滚滚；栽种后的幼芽已经长成参天大树；戈壁营房中四季花草粲然如春。

没错，这便是“才”这个字所蕴含的美好寓意。也正是因为如此，它才具有了草木舒枝展叶、终将成材[①]的内涵；而且当这种意思扩展到人类，在母亲体

①“成材”与“成才”都可以用来表示“成长为有才能的人”；但是按照古人造字理念和语言学家王力先生的意见，用于树木表示“有用的材料”这种意思时，应当用“成材”。

耕获图
南宋
杨威

木

内蓄积10个月力量，终于破茧而出、降临人世的婴儿，他们就像和风[2]中破土而出的幼芽一样，同样也具备了形成各种才能、成长为各种人才的可能性。

因此，“才”对于人而言，是与生俱来的天赋与天资，是潜藏在我们身体内部的无限可能性。如何顺势而为、开发利用，既取决于周围环境，也取决于我们自身。只要每一位为人父母者都能深明大义，悉心照料、精心培育，使幼子内外兼修，在强身健体的同时，也能修养性情、磨炼意志，那么，神州大地万紫千红之日可期，万千栋梁咸集的壮美也会指日可待。

② “和风”指轻柔和暖的春风。例如鲁迅《坟·摩罗诗力说》：“和风拂林，甘雨润物”。根据我国传统说法，夏、秋、冬三个季节的风，也分别称作熏风、金风和朔风。

再行一步

中华大地，人才济济，江山代有才人出。但是，古往今来，虽然俊才万千，却也屡屡有人陷入“怀才不遇”的窘境，以致唐代大文豪韩愈也在他的名作《马说》中无奈地发出过“千里马常有，而伯乐不常有”的感慨。

我国古代怀才不遇的著名人物怕是数都数不过来，就说大名鼎鼎的孔夫子吧，曾经为传播自己的治世理念、实现自己的政治抱负，亲率一众弟子周游列国十几年，但是在游说[③]途中，却是潦倒之事多，知遇之事少。据《史记》记载，一次在郑国的时候，老夫子偶然与弟子走失，门下弟子向路人询问时，却听到一位老农模样的人说：东门那里倒是站了一位老人，疲惫颓丧的样子就像丧家之犬。后来听到子贡对此话的转述，孔夫子一面说以貌取人乃雕虫小技，一面也不禁自嘲地笑道：说我像丧家狗，是这样的，是这样的。

虽然孔夫子在当时的历史条件下境遇确实不尽如人意，就像他在黄河边遥望春秋五霸之一的晋国，却无奈滔滔河水阻挡

③“说”这个字在表示“用言语劝导他人听从自己的意见”这种意思时，读 shuì，例如茅盾《腐蚀·十月二日》：“舜英轻轻叹了口气，似乎放弃了游说我的意思了。”

了去路时所感叹的："美哉水！洋洋乎，丘之不济此，命也夫！"但是，他一位出色的弟子子贡却说过："夫子之墙数仞，不得其门而入，不见宗庙之美，百官④之富。"完全不吝辞藻地称颂孔子的学问就像高墙之内壮美的宗庙、盛大的馆舍，意味着凡夫俗子由于受目力所限，往往难以越过高墙一窥孔子学问的精深和思想的奥妙。

孔子圣迹图　在川观水
清

④“官”在这里与“馆”的意思相同。这个字上边的“宀”本身就表示“宫室房舍”等意思，而且在古代也是一个独立的字，读作 mián。

扫描收听有声版

枝

zhī

枝

小篆

隶书

楷书

行书

“枝”这个字由“木”和“支”构成。左边的木字旁表示这个字的意思与树木有关；右边的“支”在《六书通》①所收录的字形中，有一种是，通过手持半个“竹”的形状，表示去掉枝条的竹子。因此，“枝”这个字就表示从树木主干上衍生出来的枝条。《说文解字》对它的解释是：“木别生条也”，意思就是由树木茎秆向侧面生长出来的树枝。

树枝无论是长在树上还是折断离开树身，它都具有非常独特的作用。首先，枝疏叶茂是一种十分唯美的意境，例如宋代词人姜夔②的《虞美人》：“玉盘摇动半庭③花。花树扶疏一半，白云遮。”词人用短短16个字，十分精妙地营造出

① 明代学者闵齐伋（jí）编撰的一部语文类工具书，共十卷。

② 这个字读kuí，最初指的是古代传说中一种身形类似龙的神兽。《山海经》说它“苍身而无角，一足”。后世由于这种说法还闹出了一些笑话。例如鲁哀公就曾经请教孔子，问舜帝时一位主理音乐事务名叫“夔”的官员是不是一只脚。孔子笑答：“舜帝说‘夔一足’的意思是像‘夔’这样的人有一个就足够了，而不是说‘夔’这个人有一只脚啊。”

桃枝松鼠图
元
钱选

桃鸠图
北宋
赵佶

了月光下枝条有序、花影绰约的那份恬淡与宁静。而宋代诗人宋祁的《木兰花·东城渐觉风光好》：“绿杨烟外晓寒轻，红杏枝头春意闹”，则用诗句烘托出了早春时节百花初放的烂漫春景。

其次，树枝还是一些飞禽筑巢的所在，例如《古诗十九首》：“胡马依北风，越鸟巢南枝。”这位无名作者通过产于长城外漠北之地的马都会依凭、依恋北风，而生长在南越一带的禽鸟则都在朝南的树枝上筑巢这两种现象，含蓄地表达出动物对于家乡的眷恋。因此，后来“南枝”就成为家乡或故国的一种象征和代称，例如唐朝诗人储嗣宗的《早春》：“踟蹰历阳道，乡思满南枝。”

此外，当树枝离开树身，错综交杂的枝枝杈杈往往又可以成为人们取暖的材料。例如自《后汉书》起就在民间广泛流传并被多部文献收录的“二鬼战荆

③ 这个字由“厂”（yǎn）和“圭”构成，“厂”的古文字形就表示顶端有突出岩石的山崖。因此，“厓”最初的意思就是“山崖”，后来上边加了“山”，于是形成了现在我们使用的“崖”。

古木幽篁图
明
唐寅

枝

轲”故事，其中就有“伯桃命角哀敲石取火，拾些枯枝，以御寒气”。这则故事的大致内容是：战国末年，一位名叫左伯桃的人与一位名叫羊角哀的人义结金兰，后来左伯桃早逝，并与刺秦的猛士荆轲在阴间起了争执，于是托梦给羊角哀，羊氏为义气所驱，于是拔剑自刎，赴黄泉与左氏携手斗荆轲。这便是后来表示生死之交的“羊左”这种说法的由来。例如宋代诗人史弥巩的《咏左伯桃羊角哀墓》：“死生可托永无睽，自古中山说羊左。”

杏花孔雀图
明
吕纪

翠竹盆景
清

再行一步

刎颈之交的朋友彼此扶持，这是一段历史佳话，而“枝”这个字本身其实就有“支撑、支持”等意思。比如按照《康熙字典》的引征，用于起支撑作用的东西，“小柱为枝，斜柱为梧”。例如北魏郦道元《水经注》：“其庙阶三成，四周栏槛[④]上阶之上，以木为圆基，令互相枝梧，以版砌其上”；还有陆游《村居书事二首》（其二）：“药物枝梧病渐苏，门前野老笑相呼”。

由“支撑、支持”这种意义，“枝梧”后来又引申出“抵抗、应对、应付”这一类意思，例如《史记·项羽本纪》：“当是时，诸将皆慑服，莫敢枝梧。”在这种意义上，“枝梧”也写作“支吾”或“枝捂”，例如《旧五代史》：“与遂、阆兵合，则势不可支吾。”

再往后，“枝梧、支吾、枝捂”等又从“应对、应付”等意思发展出“用含混牵强的言辞搪塞应付”这样的含义，例如清代和邦额《夜谭随录》：“言语枝梧，而颜色悽楚。”再如巴金《家》：“五婶向他追问，他总是一味支吾”。

现在，我们也经常使用“支支吾吾”这种说法表示“用言

④ 这是个多音字，在这里读 jiàn，意思是“栏杆”。当它表示“门槛”的意思时，读 kǎn。

枝

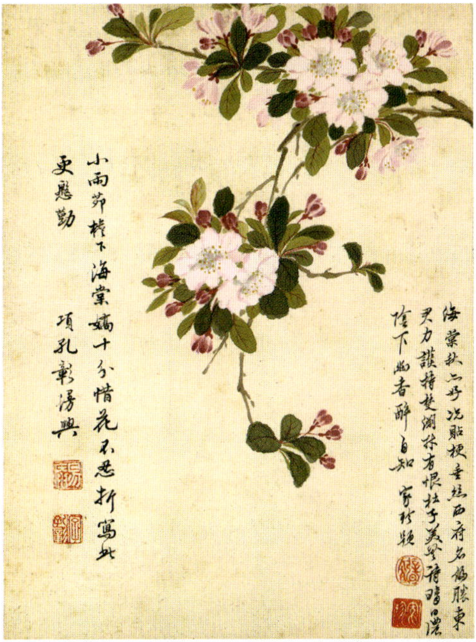

花卉册页 海棠
明
项圣谟

辞搪塞应付”，例如清代文康《儿女英雄传》：“怎么问了半日，你一味的吞吞吐吐，支支吾吾？”需要注意的是从古至今极少见到“枝枝梧梧、枝枝捂捂”这样的用法。

扫描收听有声版

花

huā

“花”这个字上边的“艹”表示与草木有关，下边的“化”表示字的读音，最初意思就是指草木盛开的花朵。但是，这个字直到南北朝以后才出现，而且据宋代大文豪欧阳修讲，“花”最初专门指洛阳的牡丹花，就像“河”最初专门指“黄河”一样，只是后来才逐渐用来指所有的花。

既然“花”这个字出现得比较晚，那么，古代最初用什么字来表示花朵呢？其实，有不少汉字最初都是表示花朵的，例如“华、荣、英、蕊、萼、不”等等。当然，其中有一些字现在已经不再表示“花朵”的意思了，此外还有一些字现在也不再使用了。比如据考证，“𠌶”就

小篆

花

隶书

花

楷书

花

行书

花

山水花鸟图册之牡丹

清

恽寿平

花鸟图册之萱花
清
余稺

是表示花朵的一种比较古老的字形，读音与“花”完全一样。这个字上面是“𠂹”，读音与“垂”相同，用的是象形的方式表示草木的花叶下垂；下面的“亏[1]”有人说表示整个字的读音，也有人说是表示花萼。上下两个部分合在一起，既有绰约下垂的花叶，又有精致粲然的花萼，花美，字也美。

由于表示鲜花，所以“花”后来也可以指一切像花的东西。例如宋代诗人赵师秀的《约客》：“有约不来过夜半，闲敲棋子落灯花。”诗人用“花”来形容灯捻微微爆裂的状态，暗含着坐等赴约而来的友人已经持续了相当一段时间，将场景与意态刻画得实在是惟妙惟肖。

① 这种字形本身在古代读作 wū，表示气息呼出的样子，随后用来表示语气，意思与“於乎”的“於”相同。至于表示“亏欠”等意思，以前字形写作“虧”。

宜兴胎画珐琅四季花卉方壶
清

人物故事图之捉柳花
清
金廷标

现在我们常常使用的“钢花四溅、浪花朵朵”等等说法，采用的也都是“比拟”这样的修辞手法。

“花”还可以用来比喻生机勃勃的人，比如我们现在最常说的“少年儿童是祖国的花朵”。其实，在很早的时候，“花”已经用来指人了。例如白居易《霓裳羽衣舞歌》：“娇花巧笑久寂寥，娃馆苎萝[2]空处所”，其中的“花”指的就是仪态万方的妙龄女子。

②“娃馆”指的是“馆娃宫”，据称这是吴王夫差为宠幸越王勾践进献的美女西施而建的一座离宫。唐代诗人刘禹锡、皮日休、陆龟蒙等都曾写过这个题材的诗作。“苎萝”是位于浙江省诸暨市南部陶朱山脉上的一座山，据传美女西施正是古时候在这座山上砍柴卖薪的樵夫的女儿。

簪花仕女图（局部）
唐
周昉

再行一步

“花”除了由鲜花含义引申出上面这样一些意思，它在现代社会通常还用来表示“用货币支付”这类行为与方式，这就是我们人人都会做的“花钱”了。

但是，“花钱”在古代却并不是指“用货币支付”，而是指一种具有特殊用途的钱币。这种钱币一般都不用于流通，只是用在祭祀、祝寿、庆典、建筑上梁等仪式以及纯粹的赏玩等目的。

据考证，“花钱”起源于汉代，早期主要是民间自娱自乐的一种赏玩钱，由于上面铸有各种纹饰和钱文，所以俗称为“花钱”。

民间“花钱”种类繁多，诸如烧制器皿的开炉仪式、各类府库的镇库、亲朋好友的纪念日、大人小孩的生辰等都要铸钱。而这类铸造“钱”，本质上都是专门为满足某种特殊需要而制作的纪念品，往往含有辟[3]邪、吉利等寓意。例如历史上就曾经出现过一种“吉语钱”，上面的钱文主要有“斩妖辟邪”“永保神清”“福德长寿”“金玉满堂”“万事亨通”“状元及第”等内容；钱币上的纹饰则主要是龙、花鸟等图案。

③ 这是个多音字，表示“驱除、躲避”等意思时，读 bì，如“辟邪”等；而表示“驳斥或排除荒谬的言论”等意思时，则读 pì，如“辟谣、辟邪说”等。

“家国永安”吉语钱
辽

“福寿双全”背十二生肖花钱
清

吉语背二十局诗文花钱
清

从上个世纪八九十年代开始，“花钱”以其较高的艺术价值、丰富吉祥的内容以及与古代钱币千丝万缕的联系，开始进入文物收藏者的视野，成为中国古代民俗文物中一个比较独特的领域。“花钱”虽然图文千姿百态，但是由于它只用于纪念目的，因此，这种钱币相对而言还是显得比较粗糙。当然，这一切并不影响它成为古代文物藏品中一道别具一格的风景线。

扫描收听有声版

华

huá

“华”这个字以前写作“華”，意思就是花朵，草字头下面的部分描摹了花叶绰约下垂的形状。“华”比“花”的产生年代要更加久远，而且在“花”字出现之前，它本身就当“花”字使用。

按照古代人的解释，“华”指的是木本植物的花，而“荣”指的是草本植物的花。当然，如果根据现代植物学的严格定义，所谓“木本”“草本”其实并不是植物学的分类。

由于花朵暗含着繁盛、色彩绚烂等意思，于是“华”这个字后来也就有了许多非常唯美的含义，例如“华彩、华丽、韶华、繁华、含英咀华、物华天宝”等等。更重要的是，“华”的五彩含义正是“华

小篆

隶书

楷书

行书

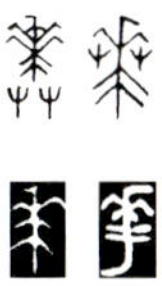

白海棠图
清
邹一桂

捣练图（局部）
唐
张萱（宋摹本）

夏”一词最初的基础。例如《尚书正义》中的“冕服华章[1]曰华”，《左传注疏》中的“有服章[2]之美，谓之华”，其中的“华”指的都是鲜艳的衣装彰显出色彩的华美。

而实际上，“夏”在字义发展过程中也有表示“五色华彩”的意思，比如《周礼》里面的“秋染夏”，意思就是秋季适合给丝织物浸染五彩颜色。另外，同样是在《周礼》里面，还有“服车五乘[3]，孤乘夏篆，卿乘夏缦”这样的礼制。其中“夏”仍然表示“五色华彩”的意思，“篆”指的是雕刻出来的花纹图案，“缦”指的则是描画出来的花纹图案。由此可见，按照周朝礼制，君王和卿大夫所乘坐的车辇，其制式具有十分严格的等级差异。

当然，在“华夏”这个词语里，就像《左传注疏》中“中国有礼仪之大，故称夏”所说的那样，“夏”表示“礼仪的博大”。那么，“华夏”一词，其实也就意味我

① “章”在古代有一种意思是“红白相间的花纹”，后来由这种意思引申出“显著、彰显”等含义。“章”在这里就是“显著、彰显”这样的意思。

② 同上。

③ 这是个多音字，当它表示“四匹马拉的一辆车”这种意思时，指的就是古代的这种车辇，读音是 shèng，例如“千乘之国”。

画高宗御笔秋花诗

清

张若霭

清世宗雍正孝圣宪皇后朝服像
清

们这些华夏子孙对中华民族的那份期许与自信，希望我们的民族如鲜花一般繁盛，像五彩一样绚丽，礼仪为先，睦邻亲友，薪火相继，生生不息。

再行一步

的确，如今我们的华夏子孙已经遍布世界各地，他们也把中华民族的古老文明带到这些地方生根、发芽、开花、结果。这些与我们血浓于水的同胞有一个共同的名字叫“华裔”。但是，“华裔”这种说法最初指的却并不是华夏后代，而是指古代的中原地区和远离中原的边远地区，例如西晋刘琨的《劝进表》：“天地之际既交，华裔之情允洽”，说的正是远古时期尧帝把首领之位禅[4]让给舜帝之后，由于舜帝的仁德仁政，中土和边远地区和睦友好、社会安定的景象。

至于“华裔”表示“华夏子孙”这种意思，其实源自“裔”这个字最初的字义。因为按照有些人的意见，“裔”最初表示“衣裙”，那么，由于衣裙具有“下垂”含义，它也就可以表示某些具有一定关联的事物自上而下的形态。而祖先与子孙后代，恰好正是一种血缘关系自上而下的延续，所以“后裔”指的就是某个家族血脉相继的子嗣后人，而“华裔”则是我们中华民族的子孙后代了。

④ 这是个多音字，当它表示“帝王把帝位让给其他人”这种意思时，读作 shàn，如“禅让、禅位”等。

姑苏繁华图卷（局部）
清
徐扬

与“华裔”意思非常接近的还有一种说法叫做“华胄”，例如鲁迅《华盖集·忽然想到（四）》：“况且我们是神州华胄，敢不‘绳其祖武’么？”其中，“绳其祖武”的大致意思是追循祖先的足迹。另外，“华胄”在过去也表示贵族的后裔，例如唐朝刘知几的《史通·杂述篇》：“高门华胄，奕世载德。”

扫描收听有声版

英

yīng

小篆

隶书

楷书

行书

“英”这个字上边的“艹”表示与草木有关，下边的“央”表示字的读音，最初指的是只开花而不结[1]籽实[2]的花朵。这可能是“华而不实”这个成语最生动的写照了。但是，大千世界，花草何止万千，有的如杜鹃般繁花似锦，绚烂之后归于泥土；有的像谷穗一样省却绽蕾[3]吐蕊的环节，直接秀出沉甸甸的果实；还有的堪比枝条虬曲的桃树，开花结果两不误，花满枝头时蜂飞蝶舞，果实累累[4]时人人垂涎。

多彩纷繁的世界，乱花渐欲迷人眼，令人目眩，让人沉醉。

“英”这个字既然表示不结果实的花朵，那么，铅华落尽终有时，所以，

① 这是个多音字，表示“长出果实或种子”这种意思时，读第一声 jiē，如“开花结果”。另外，在“结巴、结实”等词语中，也读第一声。

② 这个词也可以写成“子实”。

③ 这个字是第三声，不要误读成第二声。

十二金钗 · 黛玉葬花
清
费丹旭

化蝶图
清
恽冰

落英缤纷，甚至是残英满地似乎注定是它顺乎自然的归宿和极具代表性的意象。例如屈原的不朽名篇《离骚》：“朝饮木兰之坠露兮，夕餐秋菊之落英”；还有明末清初才女诗人、后来却遁入空门的夏淑吉的代表作《忆王庵旧游寄再生》：“梅影横斜应似画，残英满地有谁收。”

但是，就算是粲然一瞬的昙花，哪怕如流星划过浩浩苍穹，它们那短暂的绚烂，依然会定格出千姿百态的美丽。因此，古往今来，无数文人墨客也对“英”

④“累”本身就是个多音字，有第二声、第三声和第四声三种读音。“累累”也有两种读音：表示“接连成串的样子”时，读第二声 léiléi，如“果实累累”；表示“积累得多”或者“屡屡”时，读第三声 lěilěi，如“血债累累、累累失误”。但是要注意，用普通话读两个连在一起都读第三声的汉字时，前面一个字的声调要有变化。

落花图卷（局部）
明
沈周

痴心不改、情有独钟，诗词曲赋中“霞英、素英、梅英、山英、露英、飘英、流英、含英”等等美妙辞藻俯拾皆是，“英”已然成为“精华”的代名词，直到今天，“撷英、菁英、琼英、才英、群英”等还活跃在我们的言语交际中。

当然，“英”既然有如此美好的寓意，作为语言文字的创造者和使用者，人怎么能忘了自己呢。因此，“英”也被特别用来指“杰出的人”，例如《三国演义》中就有“三英战吕布”这样精彩的情节。所谓“三英”，指的就是桃园结义的刘备、关羽和张飞三兄弟。一直到今天，我们还在用“群英、精英”等表示才华横溢的杰出人才。

三顾草庐图
明
戴进

再行一步

当今时代，社会发展如此迅速，放眼神州，一批又一批的精英在各个领域不断崭露头角，这是家国的幸事，也是人类的福音。而且，“精英”这个词原本就是指烈焰中百炼成材的精华，例如东晋葛洪《抱朴子》：“漱流霞之澄液，茹八石之精英。”其中“流霞”指的是仙界佳酿；“八石”指的是朱砂、雄黄、云母、空青、硫黄、戎盐、硝石、雌黄等八种道家用于炼丹的矿石。

炼丹术是中国道家文化非常重要的组成部分，历史上有关它的史实与传说也层出不穷。一般认为炼丹术起源于战国时期，汉晋两朝发扬光大，至唐代臻于巅峰，其后则一路下坡，渐渐沉寂。

现代人常常认为炼丹术可笑，甚至视它为异想天开和愚弄世人的把戏。其实公允地说，东汉魏伯阳、东晋葛洪等在炼丹方面的实践与著述，其中还是存在着许多符合科学观念的成分，有些还具有科学实验意义上的开创性。例如魏伯阳所著《周易参同契》，其中“河上姹女，灵而最神，得火则飞，不见埃尘，

玉洞烧丹图卷（局部）
明
仇英

鬼隐龙匿，莫知所存，将欲制之，黄芽为根”一段话看似玄妙，实际上我们如果把“河上姹女”转译成“水银”或者“汞”，把“黄芽”转译为“四氧化三铅”，那么，这段话的化学实验意味立刻就会显现出来。

原来它说的是水银容易挥发，而如果用四氧化三铅这种化合物与其混合，则可以产生化学反应，从而抑制水银的不稳定性。可见，古老的炼丹术中也蕴藏着一定的科学道理。

扫描收听有声版

萼

è

小篆

隶书

楷书

行书

“萼”这个字上边的“艹”表示与草木有关，下边的“咢[1]”表示字的读音，指的是花瓣下面起衬托作用的叶片，一般多为绿色。当花刚刚发芽或者含苞待放时，花萼是一种起保护作用的铠甲，它会紧紧包裹着里面的嫩芽或者花苞；而当花朵采天地精华、孕育果实之后，花瓣飘落大地，有些植物的花萼则又承担起保护幼小果实的职责，最后会与果实相依相伴，以至一起被采摘，例如草莓、茄子等等。

由于花萼与花朵以及果实之间存在着这种亲密无间的关系，因此“萼”和表示花托的“跗[2]”合在一起，就代表兄弟，寓意与“棠棣”等基本相同，表示了人

① 这个字读 è，上边的两个“口”合在一起是“吅”，读作 xuān，表示众口喧哗；下边的“亏”表示气息呼出；上下合在一起表示争吵的声音。后来也表示击鼓的声音。这个字现在已经很少用了。

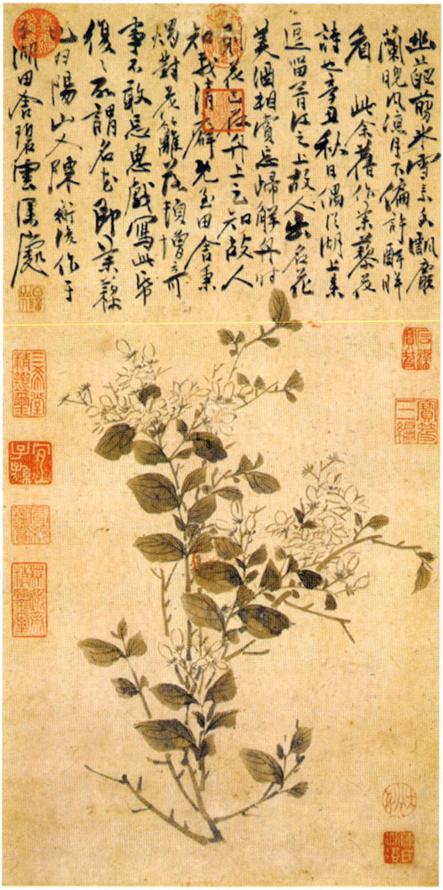

茉莉

明

陈淳

们对兄弟同心、其利断金的美好期盼。例如《北史》“光国荣家，跗萼连晖”，说的就是西汉名将李陵后人李贤同他的兄弟。

另外，因为“常棣[3]、棠棣”具有兄弟的寓意，所以“棣萼”也用来比喻兄弟，例如杜甫《至后》：“梅花欲开不自觉，棣萼一别永相望。”但是，偶然想起魏晋时期“三曹”之中曹植的《七步诗》“煮豆燃豆萁，豆在釜中泣”，还是令人对世事无常唏嘘不已。

另外，我们对“萼绿君”这种说法虽然可能不太熟悉，但是如果提起“茉莉花”，想必人人都不觉得陌生。而这两种说法指的都是那种家喻户晓的植物。相信绝大多数华夏子孙，只要一想到它，耳际似乎就会回响起“好一朵美丽的茉莉花”那动听欢快的旋律和歌声；鼻端仿佛也会萦绕着那已然飘过千年历程的

② “跗”读 fū，本来的意思是“脚面”，而表示“花托”原本用的是“柎”。由于“柎”也有支撑器物之“足”的意思，而且与“跗”字形相近，读音相同，所以“跗”后来就成了能够代替“柎”的一个俗字。有意思的是，在古代文献中“跗萼、萼跗”的用例反而明显多于“柎萼、萼柎”。

③《诗经·小雅》有《常棣》篇目，主要内容是颂扬兄弟之间手足情深的，因此，后来“常棣”多用来形容兄弟。

踏雪寻梅图

清

萧晨

红梅图卷
明
姚绶

清新淡雅的茶香。

萼

如果说"萼绿"会让我们眼前浮现出花如雪、叶似玉的景致，那么，"红萼"一说十之八九将弥散出踏雪寻梅的氛围。的确，"红萼"指的就是鲜艳如丹霞的红花，也特别表示"梅花"，例如唐代韩愈《感春四首》："蜂喧鸟咽留不得，红萼万片从风吹"；还有宋代姜夔《一萼红·古城阴》："古城阴，有官梅几许，红萼未宜簪。"

再行一步

除了“红萼”，表示红花的还有“朱萼”，例如唐代韦应物《夏花明》：“夏条绿已密，朱萼缀明鲜。”因为“朱”本身最初指的就是赤心木，所以它与“红”的意思非常接近。而且由于红色明艳绚丽，因此“朱萼”也指鲜艳的花朵。

然而，“朱萼”还有一种隐含的寓意，它与现实中的花朵完全就是两回事了。据考证，《诗经》中曾有亡佚[4]篇目《白华》，其中的“白华朱萼”指的是孝子，所以，后世就经常用“朱萼”代表“孝子”。例如唐代诗人王勃《上明员外启》“趋庭洽训，共歌朱萼之篇”，其中的“朱萼”指的就是孝子。

为什么说这两句诗和孝子有关呢？因为这里面隐含着一个典故——趋庭洽训。这个典故记录的是孔子和他儿子孔鲤之间的一段旧事，大致内容是：

孔鲤曾经于家中数次经过中庭，而每一次恰好都遇到孔子在中庭独坐，于是他们父子之间就围绕着做事做人有过一些对话。对谈中孔子循循善诱，孔鲤则谦恭地聆听教诲。那些极具

④ 这个字读 yì，意思是“散失、失传”。古代文献中也有用“亡逸”的，但是现在一般都用“亡佚”了。

启迪作用的谈话内容对孔鲤的成长影响巨大。因此，后世就用这个典故表达“父严子孝”这样的含义。

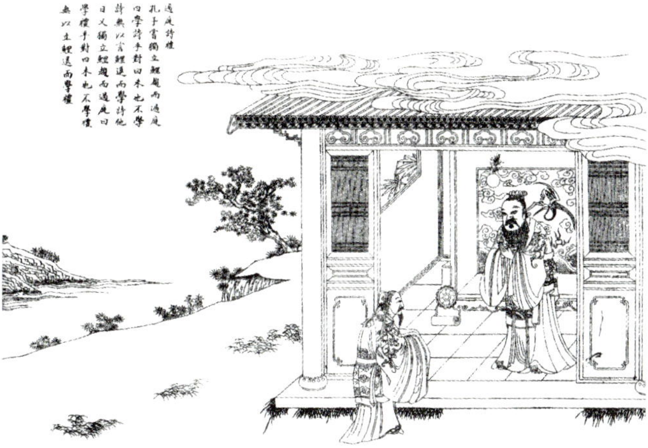

孔子圣迹图　过庭诗礼
清

扫描收听有声版

不

bù

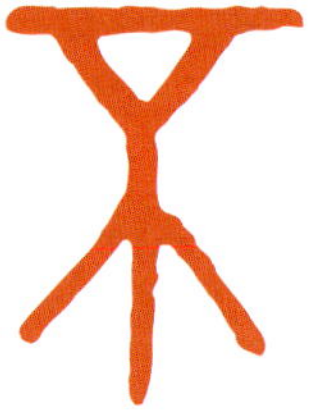

小篆

隶书

楷书

行书

“不”这个字在甲骨文、金文里的字形分别是“”“”，描摹的是酒杯或者饭碗形状的花托和枝叶，意思就是“花托”，例如《诗经·小雅·常棣》“常棣之华，鄂①不韡②韡”的意思是：棠棣之花盛开，萼片和花托鲜艳绚丽。

另外，由于“不”与鲜花相关的含义以及它与同样表示“花托、花萼”的“柎”在读音方面相近的原因，“萼不”在古代文献中也像“萼柎③”一样代表“兄弟”，例如《唐代墓志汇编续集》“率诸兄之教导，萼不之列，熙熙然无尤违焉”，表达的就是隋初受封越国公的杨素后人兄友弟恭、长幼有序的情况。

但是，“不”这个字表示“花托”

① 这里的“鄂”代替的是“萼”。

② 这个字读“wěi”，意思是“茂盛、鲜明”。

③ 有关“萼柎”的意思，参见“萼”字相关内容。

漆笺画册
清

不

的意思早已停止使用了，现在它一般只用来表示否定的含义。

“不”在小篆里写作“帀”，基本上还能看出花托和枝叶的样子。由于它与“丕”的小篆字形“丙”非常相似，因此也常常被借来表示“大”的意思，像“丕显”的基本意思就是“非常显著”，后来也表示“英明”，并且还可以用来指帝王或神灵。由此看来，有些古代文献中的“不显”其实就是“丕显”，例如秦王命祭祀之官在神前咒诅楚王的文章《诅楚文》中就有“不显大神”这样的词句。

根据“不”最初的含义以及它与“丕”的关系，或许我们可以更进一步解释若干与之相关的汉字。比如“胚”，这个字实际上含有很强的精华意味，而这种意思也正是“不”的花托意义里就已经隐含了的，因为花托就是包容、承托并滋养花萼、花蕊的本源；再如“胚”的

四美图
南宋
佚名

另一种字形“㚘”，它既有“肧”的意思，同时读 fǒu 的时候，根据《玉篇》《集韵》等古代工具书记载，它还表示女子仪态曼妙。而用花来比喻女子，这是千百年来中华文化的传统，“不”的字源恰好正与花朵有关。因此，这就告诉我们，汉字文化是多么博大精深，而且要了解汉字文化也需要更广泛地开阔视野。

花蝶图
明
马守真

再行一步

当然，“不”现在最主要的用途无疑是表示否定。但是，语言表达中的否定既有消极寓意，也有积极含义，关键在于被否定的事物本身究竟是积极的还是消极的。比如“不骄不躁、不偏不倚”就是积极的，而“不伦不类、不稼不穑[④]”则是消极的。

另外，汉语里还有一种比较有趣的现象，那就是人们往往用否定的方式表示谦虚，例如“不才、不佞、无能”等等。其中“不佞”的“佞”在这里并不是“花言巧语、奸猾”等意义上的“佞”，而是表示“聪慧，有才能”。因此，“不佞”的意思与“不才”基本相同。

人在社会交往中用否定自己的方式表示谦虚，实际上涉及自谦的本质，即放低身段、高看他人。例如《三国志平话》：“先主曰‘无能幽州涿郡大桑村人也。姓刘名备，见任平原县令’”；还有《老残游记》：“不才往常见人读佛经，什么‘色即是空，空即是色’，这种无理之口头禅，常觉得头昏脑闷”。这种自谦方式，其实和称妻子为“贱内、拙荆”、称儿女为“犬

④ 这个字读 sè，意思是“收获谷物”。而“稼穑”则表示比较宽泛意义上的农事。例如《诗经·魏风·伐檀》：“不稼不穑，胡取禾三百廛（chán）兮？”意思是有些人没做过任何农事，为什么却能获得那么多粮食？矛头直指那些不劳而获的剥削者。

不

蕉荫击球图
南宋
苏汉臣

子、贱息”等如出一辙，都是一种人际交往的策略罢了。

“不”之所以后来能够用于表示否定的意思，据考证是由于它的读音在古代与“弗”相近，所以在某些场合就被借来代替“弗”。而“弗”的古文字形是用皮绳一类东西捆扎、缠束弯曲的木棍等，意思是把弯曲的物体矫正变直。而弯曲的东西本身则意味着不直，里面隐含着否定的意思。因此，“弗”后来就产生了表示否定的意义，如“自愧弗如”等。

扫描收听有声版

蕊

ruǐ

小篆

隶书

楷书

行书

“蕊”这个字由“艹”和“惢”构成，意思就是花蕊或者说花的子房。

从结构上看，这个字上边的“艹”比较好理解，表明这个字的意思与花草有关。而下边由三个“心”字构成的“惢”就有点难办了，因为它非常罕用，所以首先不太容易确定它的读音；其次，它的意思自然更无从把握了。

实际上，如果我们仔细端详它的字形，同时想一想若干个“心”堆积在一起可能表示什么意思，或许，我们隐隐约约会猜到“心眼儿多”，而“心眼儿多”的人除了心思缜①密，常常也有疑虑多、猜忌多的倾向。到了这个时候，其实我们已经行进在正确的路上了。的确，“惢”

① 这个字读zhěn，意思是“细密、细致”。

秋兰绽蕊图

南宋

佚名

蕊

这个字最初就表示“疑虑”。

至于它的读音，最初则有两种：一种是表示“疑虑”的时候，它的读音与“琐细、烦琐”的“琐”相同；另一种是由几个“心”叠加在一起，表示花蕊也像若干花的心房簇集在一起，这个时候它的意思是指“花蕊”，读音也和“花蕊”的“蕊”完全一致。

因此，“花蕊”的“蕊”这个字，除了上边的“艹”与字义有关，下边的“惢”其实既表示整个字的读音，本身也暗含了“花蕊”的意思。

“蕊”由于是花的精华所在，所以它的寓意非常美好。例如元代陈樵的《东阳县学晖映楼赋》：“慕张生之绝尘兮，采瑶蕊于山侧”，其中“瑶蕊”的意思就是传说中玉树的花蕊。再比如明末清初张岱的《陶庵梦忆》“阿宝妖冶[2]如蕊女”，意思是名叫阿宝的女子曼妙多姿，

九秋图
清
恽冰

嫦娥执桂图
明
唐寅

竹禽图
北宋
赵佶

仪态堪比道教经典中仙宫里的仙女。

另外，“意蕊”一说也极具象征意味，它的意思是心思凝结如同花蕊，指的就是“心意、心情、心境”等，例如清代赵翼《静观》：“诗词亦复然，意蕊抽萌芽。”

② “妖冶”这个词最初就是“艳丽”的意思，也可以指“美女”，例如清代余怀《板桥杂记》“皓齿明眸，异常妖冶”，还有东汉张衡《七辩》“金石合奏，妖冶邀会”。可是后来它却渐渐有了比较消极的含义，暗含艳丽而邪魅的意味，例如冰心《往事》“虽是照人的明艳，却不飞扬妖冶”。

再行一步

无论是指仙女还是表示人的心意，这些含义都是从“蕊”最初表示“花蕊”的意思发展而来，而另一个与美女有关的说法“蕊黄”，也来自同样的源头。

“蕊黄”指的是古代女子额头的一种妆容，例如唐代温庭筠[③]《菩萨蛮》：“蕊黄无限当山额，宿妆隐笑纱窗隔。”

关于这种妆容的由来，据考证与佛教传入中国有很深的渊源。我们都知道，庙宇寺院是佛教传播的重要场所，而里面供奉的佛像则大都金光耀眼，因为它们是泥塑镀金之躯。后来，正是由于这种原因，据说古代的一些少数民族女性首先开始用金色装点面部和额头，并称之为“佛妆”，随后又将这种化妆方法逐渐传遍神州大地，因此，就产生了用黄色颜料或黄色物体装饰额头的方法和风俗。这种妆容流行之后，逐渐产生了许多种说法，如“额黄、鹅黄、额妆、鸦黄、约黄、贴黄、花黄”等，当然还有我们正在谈论的“蕊黄”。

“蕊黄”一说的由来，据传与南北朝时期南朝宋武帝刘裕

③ 这是个多音字，表示“竹子的青皮”或者指“竹子”的时候，读 yún，例如东晋王嘉《拾遗记》“手握青筠之杖”。在一般情况下，当它用于人的名字时，也读这个音。只有在表示四川省“筠连县”等地名的时候，它读作 jūn。当然，它用于人名的时候，也不能完全排除后一种读音，关键是要本着“名从主人”的原则。

弈棋仕女图
唐

泥头木身著衣俑
唐

的女儿寿阳公主有关。寿阳公主有一次在梅花树下小憩，醒来后发现额头上有一朵飘落的梅花，结果这朵花怎么都揭不下来，而且当它自己脱落后，仍然在寿阳公主额头留下了清晰的印迹。不过，这种印迹却使公主更加美艳照人，所以竟成了其他女子竞相模仿的范本，因此便出现了花朵形状的“梅花妆、寿阳妆”。

扫描收听有声版

荣

róng

榮

关于“荣”字最初的意思是什么，历史上存在着几种说法：

一种意见认为就是表示开花，后来也指花朵。例如《礼记·月令》中“鹿角解，蝉始鸣，半夏生，木堇①荣”，描述的就是仲夏季节的一些景致：鹿角脱落，知了鸣叫，药用植物“半夏”开始生长，木槿绽放出鲜艳的花朵。

另一种意见认为是指能够开花的梧桐树，例如《说文解字》《尔雅》对它的解释都是“桐木”。

还有一种意见说它是两头翘起的屋檐。例如《仪礼·乡饮酒礼》：“设洗于阼②阶东南，南北以堂深，东西当东荣。”这句话说的是古代宴客的一些礼仪，大

小篆

隶书

楷书

行书

① 这个字读 jǐn，最初是指黄色的粘土，后来也表示植物，例如“三色堇”。在这里它代替的是“槿”。

② 这个字读 zuò，意思是庭院之中大堂东面的台阶。这个方位的台阶一般是主人迎送宾客的地方，因为“东”意味着主位，像“房东、股东”均意味着主人。而主人迎来送往属于“酬酢”礼仪，所以“阼”也含有“酢”的寓意。

桐阴清梦图
明
唐寅

致意思是主人于庭院东面台阶的东南角设置洗刷设施，这类设施南北与厅堂进深相当，东西位置正对东面的屋檐。

反正不论哪种意见，它们的共同之处在于认定“荣”字与草木相关，因为屋檐也要以树木为材料。有趣的是，现在我们使用的“荣”字，最上边是草字头，然而，最初的时候这个字的上边并不是草字头，它在金文里的字形是。有人说它像两朵花；也有人说像是两支火把。当然，从这个字的意思推断，认为是“花朵”的意见大概更合理一些。

认为像火把交相辉映这种意见，或许是因为“荣”后来有光耀门庭等含义。而实际上，“荣”能够表示“光荣”等意思，原因之一是它既然表示开花，那么也就暗含着繁盛、茂盛等意思，如果能够使事物繁茂，这也就接近“光荣”和“荣誉”所要表达的意思了。

聚瑞图
清
郎世宁

梧桐双兔图
清
冷枚

明皇避暑宫图
北宋
郭忠恕

另外，也有一种意见认为“荣”表示“光荣”等意义应当是来自它表示屋檐的意思，因为屋檐两头翘起，所以就隐含了表示一切能够“扬起”的情况，而“光荣、荣誉”等都意味着把事物举高，使其能够彰显出来。

总之，不论从哪个角度看，除了“虚荣”这种镜花水月，其他诸“荣”，或者是大自然的灿烂景观，或者是足以成为效法楷模的人世翘楚，都不能不让人心生叹服、敬仰之情。

再行一步

大自然的花团锦簇，有开就有谢；人世间的万千精英，有生亦有故。但是，一切筵[3]席虽有终了，而永远不会消散的必将是那些粲然的瞬间，还有那些难以忘怀的人和事。还好，意蕴深厚的汉语里恰恰不乏“虽败犹荣、虽死犹生、虽死犹荣”这样的习语。

说到汉语里的习语，我们常常能感觉到它们大都存在着某种组合规则，比如“对称”这种现象，像“四平/八稳、疾风/骤雨、龙腾/虎跃”等等。而我们上面提到的这几条，它们同样表现出一定的规整性。例如“虽……犹……”就是一种表示转折性对比的格式，“败/荣、死/生、死/荣”则显然是一种反义对举的表现形式。

现在的关键是“虽死犹荣”这种说法在许多文献中都有用例，如蔡东藩《宋史演义》：“为国杀身，虽死犹荣”，而且对这条习语的解释一般都是“虽然死去依然光荣”。但是，结合“荣”这个字表示“开花”的意思，再参照“虽死犹生、虽

③ 这个字的声调要注意，它读第二声，不能读成第四声。“筵席”和“宴席”虽然意思接近，但是“筵”和“宴”的声调并不相同。

荣

残荷鹰鹭图
明
吕纪

败犹荣”这些说法，或许我们有充分的理由相信“虽死犹荣”也是“死”和“荣”的对比，“荣”就表示“开花”，因为“开花”就意味着生命。至于把“荣”理解为“光荣”，这也是后来引申出来的含义，正像“虽败犹荣”最开始一定也是“花败花开”，只是后来又引申出“失败与光荣”的意思一样。

扫描收听有声版

葩

pā

萌

小篆

隶书

楷书

行书

“葩”这个字由“艹”和“皅”构成，上边的“艹”表示它的意思与花草有关；下边由“白”和“巴”组成的这个字读作 pā，与“奇葩”的“葩”读音完全相同，所以表示它的读音；上下合在一起，“葩”最初指的就是“花朵”。例如《红楼梦》中吟叹宝、黛命运的《枉凝眉》：“一个是阆[1]苑仙葩，一个是美玉无瑕”，唱词中用神仙世界的花朵形容超凡脱俗、我见犹怜的林黛玉，歌词凄婉，充满了对尘世遭际的无奈与怅惘，最终只剩下四时往复、难以为继的一掬辛酸泪。

由“白”和“巴”构成的“皅”字，其实本身也与花草有关，它最初指的是花朵的洁白，后来也表示花朵，意思与

① 这个字读 làng，本来表示门高大的样子。“阆苑”指的是传说中神仙居住的地方，例如清代王韬《淞滨琐话》“见者疑为阆苑神仙，缥缈天外”。另外，它还可以指翰林院，例如清代龚自珍《己亥杂诗》：“金銮并砚走龙蛇，无分同探阆苑花。”

白蔷薇图
南宋
马远

芘

上边加了“艹”的“葩”完全相同。例如成书于战国时期、后来又经南宋医学家史崧改编的《灵枢经》中，“纷纷𫇭𫇭，终而复始”描述的就是鲜花繁盛的状态。

由于表示盛开的鲜花，所以“葩”后来也可以表示“华美、华丽”等意思。例如韩愈《进学解》：“《易》奇而法，《诗》正而葩”，表达的就是《周易》奇妙而严谨规整，《诗经》雅正而华美隽永。显然这两部经典在大文豪眼中都足以成为传统文化的“圭臬[2]”。

沿袭着韩愈对《诗经》的论断，后来围绕着“葩”这个字还产生了一些极具褒义色彩的词语，如“丽藻春葩、春葩丽藻、扬葩振藻”等等，这几种说法都是用来形容文辞极其优美的，其中“藻”指的就是“辞藻”。例如唐代冯贽《云仙杂记·粲花》：“李白与人谈论，皆成句读[3]，如春葩丽藻，粲于齿牙”。这句

花卉
清
恽冰

② “圭”在古代是一种表明身份地位的符信，例如《周礼》“王执镇圭，公执桓圭”，说的就是不同身份的人拿着不同制式的玉器。“臬”在古代表示射箭的靶子。因此，“圭臬”的意思就是“可以当作目标或标准的那一类标志物”。

四时花鸟册（之一）
明
陈洪绶

葩

诗经图（局部）
南宋
马和之

话很清楚地表述了诗仙李白的谈吐抑扬顿挫、收放自如，美不胜收。

③ 这是个多音字，在这里读 dòu，意思是文章中文意未尽的停顿处。“句”指的是文章中文意已尽的断句处。“句读”合在一起，意思就是文章的休止处和停顿处。因为很早的时候，我国古代文献中还没有标点，所以在阅读中如何停顿、断句都是要用心学习和体会的。例如，韩愈《师说》：“彼童子之师，授之书而习其句读者。”

再行一步

有诗仙这样文采飞扬的巨擘[4]，和他同时代还活跃着一大批性格、文风各异的文人，因此，完全可以想象大唐盛世的文坛是多么有趣，就像一朵朵奇葩在园中竞放，当真是万般姿态，妙不可言。

“奇葩”这个词最初指的是比较珍稀的奇花异草，后来也用来比喻各个行业、各个领域比较杰出的人和物，例如明代朱鼎《玉镜台记》：“只见万种奇葩呈艳丽，十分春色在枝头”；还有碧野《名城颂》：“这朵鲜艳多姿的艺术奇葩，给死者以怀念，给生者以欣慰”。

近年来，“奇葩”一词由网络升温并迅速扩展到各类传媒，已然成为新新人类的口头禅。只是在流传过程中，它本身的含义也悄然发生了某些变化。目前，在大多数情况下它都用来形容个性鲜明、不落俗套、显得有些另类和奇特的人物或事物，例如 2015 年 11 月 10 日《三亚日报》就出现过一个醒目的标题“世界各地的奇葩菜肴 你敢吃哪一个”。此外，我们常常也能

④ 这个字读 bò，意思是大拇指。“巨擘”指的是在某个领域或范围影响极大、具有引领潮流作用的超一流人物，例如《孟子·滕文公下》：“于齐国之士，吾必以仲子为巨擘焉。”

文会图（局部）
北宋
赵佶

听到人们在交谈中对一些比较奇特的人或事的评价，往往都是一言以蔽之：“太奇葩了！”

与“奇葩”的另类和特殊相比，表示“雪花”的“六葩”则平实了许多。例如唐代诗人李咸用的《和人咏雪》“轻轻玉叠向风加，襟袖谁能认六葩”；还有宋朝诗人赵良坡所作《雪水庵咏雪二十韵》“恭喜瞻三白，停杯看六葩”。因为雪花是六角形，就像晶莹剔透的六个叶片的花朵。所以，“六葩”后来就成了雪花的代名词。

扫描收听有声版

朵

duǒ

“朵”这个字下边的“木”表示它的意思与树木有关，上边的部分描摹的是树木的枝叶、花朵以及果实下垂的样子；它最初指的就是树木的花朵、果实等，后来才专门用来表示花朵。例如杜甫《题新津北桥楼得郊字》：“白花檐外朵，青柳槛前梢。”

由于“朵”后来专门表示花朵，于是随之也出现了许多包含“朵”的词语，这些词语都是用来表示各色花朵的，例如唐末五代时期韦庄《和李秀才郊墅早春吟兴十韵》：“草根微吐翠，梅朵半含霜”，其中的“梅朵”指的就是傲霜凌雪的梅花。还有唐代陆龟蒙《幽居有白菊一丛因而成咏呈知己》：“还是延

小篆

隶书

楷书

行书

花鸟 清 马奎

菊谱之雪莲台
清
王延格

朵

年一种材，即将瑶朵冒[1]霜开”，其中“瑶朵”本来是指洁白如玉的花朵，在这里特别表示金风送爽时迎霜怒放的白菊花。

① “冒”这个字上边是“冃”（mào），不是“曰”，里面的两短横跟左右两边的竖笔都不相连。“冃”和“冒”最初的意思都是“帽”。

除了表示花朵，“朵”后来也表示形状像花朵的事物。例如唐代曹松《岳阳晚泊[2]》：“湖影撼山朵，日阳烧野愁”，短短两句诗，湖波倒映中如花朵般摇曳的山包，阳光照射下愁绪飞散的明朗心境，一并跃然纸上，朦胧而又清晰。

② 这是个多音字，表示“停船、停留；淡然、恬静”等意思时，读作 bó，如“停泊、淡泊”等；表示“湖泽”时，读作 pō，例如“湖泊、水泊梁山”等。

山影在湖水中荡漾，就如同“最是那一低头的温柔，像一朵水莲花不胜凉风的娇羞[3]”，摇曳生姿，令人怦然心动。

③ 选录自徐志摩《沙扬娜拉——致日本女郎》。

花鸟图册之荷花
清
余穉

青绿山水图（局部）
清
吕焕成

而“朵”字本身由于花朵有下垂姿态，尤其在风中还会随风舞动，所以它后来也产生了“上下波动”的意思，例如“朵颐”的意思就是指“人的下巴上下运动”。对于任何一个美食爱好者来说，“大快朵颐④”肯定是再惬意不过的事情，例如高阳《胡雪岩全传》：“菜是古应春特为找了个广东厨子来做的，既好又别致，罗四姐不但大快朵颐，而且大开眼界。”

④ 这个字最初就是指“下巴”，例如西晋张翰《周小史》“团辅圆颐”，说的就是美男子周小史有着婴儿肥一般的脸蛋儿和圆圆的下巴。要注意这个字的左边和“臣”不一样。

粉彩人物纹方斗杯
清

再行一步

美食家自然属[5]意味蕾的各种新奇体验，而书画家则往往对难得一见的佳作毫无免疫能力，他们或通宵达旦搜索枯肠以待灵光乍现；或不计成本倾其所有只为有缘之作。然而，也有些成名的书画匠人，他们除了具有书画家对泼墨挥毫的痴迷，同时也对锦衣华冠、美酒佳肴表现出执著的追求。

若论书画界成名人物对锦衣玉食的迷醉，从古至今我们可能会说出长长一串人名，但是与我们正在谈论的“朵”能够产生关联的，大概只有唐代的文人、官宦韦陟[6]了。

据史料记载，此公对衣物、饮食极其讲究，的确属于人要衣装、食不厌精之辈。而且非常有趣的是，此公虽然交游甚广，可是从不亲笔回复他人书信。每遇有人寄来信函，他必唤来侍女，口述回复大意，然后由侍女代为捉笔。所幸韦府侍女人人练得一手好字，蝇头小楷清雅规整，况且还能根据主人授意精准措辞。因此，亲友间信札往返这种社交礼制，在韦府倒成了一种别样风景。

⑤ 这是个多音字，表示“类别、归属”等意思时，读作 shǔ，例如“家属、属于”等；表示“连接、集中”等意思时，则读作 zhǔ，例如“属连、属意”等。“属意”的意思是“把意向专注于……”。

⑥ 这个字读 zhì，意思是往高处走。例如“瞻云陟屺”，字面意思是登上高高的山岗仰望云彩，实际上意味着遥望故乡、思念故乡和亲人。

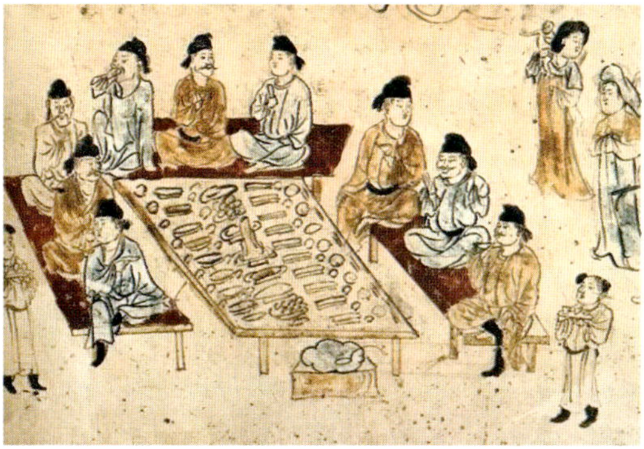

野宴图
唐

当然，韦公对复信一事也并不仅仅限于“君子动口”，落款处的署名他还是要亲力亲为的。只是韦公生性不羁，他的签名也与常人大大不同。据传他亲笔签署的“陟”字就像是五朵云彩，令人称羡，而且由于他袭封“郇国公”，因此，这种签名就被赋予“郇公五云体”美称。

也正是由于这个典故，后来人们就用“朵云”表示书信，而且这种说法一般只用于信函往来中称对方的书信，表达的是对对方的尊重，例如宋代汪洋《回谢王参议启》：“尚稽尺牍之驰，先拜朵云之赐。”

扫描收听有声版

苞

bāo

“苞”这个字上边的“艹”表示它的意思与草木有关，下边的“包”表示它的读音；它最初的意思与现在最常用的意思完全不同，原本并不是指“花苞”，而是指一种草类植物——藨草。

“藨”这个字读作 biāo，它是一种生长在水边等湿地的植物，其茎秆可以编制席子或草鞋等。例如《晋书·束皙传》：“理疆甽①于原隰②，勤藨蔉③于中田”，大致的意思就是侍弄田地、种植藨草等。

“苞”由于和“藨”读音相近，所以在古代文献中常常代替“藨”。例如《晋书·陈敏传》：“五州复全，苞茅入贡，岂非将军之功力哉”，讲述的就是晋惠帝时将领陈敏的功绩，说他使疆域重归

小篆

隶书

楷书

行书

① 这个字读 zhèn，最初是指田地里的一立方尺土壤。后来也与“圳”的意思相通，表示田间沟渠。

② 这个字读 xì，意思是低洼的湿地。

③ 这个字读 gǔn，意思是给苗根培土。

芦花寒雁图
元
吴镇

抱月瓶
清

一统，朝廷又可以得到蕉草、茅草等的入贡了。

而古代也有一些文字学家认为，“苞”最初的意思应当是指草木的根茎。例如《诗经·商颂·长发》：“苞有三蘖④，莫遂莫达。”这句话字面意思就是树木的根一般只会衍生出三个枝条，尔后就不会再衍生其他枝条了。其实际含义按照宋代理学大师朱熹的解释，“苞”指的是夏朝末代帝王夏桀，而“三蘖”则指的是夏桀的党羽“韦、顾、昆吾”这三位。

由于字形中含有包裹的“包”字，所以花苞的“苞”后来也有了包裹的“包”的意思，而且逐渐就表示“花苞”了。例如蒲松龄《聊斋志异》：“叶疏花密，含苞未吐。”再如陈廷一《宋氏家族全传》：“靠墙的条几上一头一个大花瓶，里面插了几枝含苞欲放的梅花。”

④ 这个字读 niè，意思是靠近树木根部衍生出来的枝芽，例如“分蘖”指的就是小麦等禾本科植物在地面以下或接近地表所生出的分枝。

瓶花
清
汪承霈

苞

竹苞松茂图

清

王云

修竹仕女图
明
仇英

鲜花自然能给人带来繁盛美好的感受与印象，所以“苞”后来也产生了“茂盛”的含义，例如《诗经·小雅·斯干》：“如竹苞矣，如松茂矣”，其中“苞”与“茂”的意思基本相同。而且正是由于《诗经》中的这个用例，后来“竹苞松茂”就成了向长辈贺寿或祝贺新居落成等的祝福语，例如明代范世彦《磨忠记·杨涟家庆》：“亲寿享，愿竹苞松茂，日月悠长。”

再行一步

然而，“竹苞”的含义虽然美好，有些时候却也被人用来表示其他寓意。

比如清朝乾隆年间的宠臣和珅与才子纪晓岚一向不和，据传，和珅有一次请纪晓岚为他宅邸的正厅题写匾额，后者略加思索便题了“竹苞”两个大字。和珅只道是纪氏祝他家室兴旺，不曾想乾隆皇帝见了这块匾额后，却大摇其头，说和珅又被纪晓岚嘲弄了，因为“竹苞”拆开之后就是“个个草包”。

姑且不论这则传闻的真实程度，就和珅这个人物来说，人们之所以对其嗤之以鼻，多半是由于传说中他的贪腐成性。而“苞”这个字由于具有“包”的意思，所以“苞苴[5]”这种说法就有了“行贿之物”的含义，意思是行贿的东西自然见不得光，因此必须加以掩蔽。例如《大唐骠骑大将军益州大都督上柱国卢国公程使君墓志铭并序》就有“谋甫之廉洁，绝以苞苴”这样的字样，称颂大名鼎鼎的“三板斧”程咬金廉洁奉公、拒绝一切贿赂的高风亮节。

⑤ 这个字读jū，最初意思是鞋子里的草垫。

竹苞松茂图屏（局部）
清
袁江

相比之下，清代王夫之《读通鉴论》中“异于汉、宋狷[6]急之流，置国计民生于度外，而但争泾渭于苞苴竿牍之间也”，则采用了对比的手法，在褒扬唐代丞相张九龄等人廉洁形象的同时，也贬斥了两汉等朝代那些一味行贿和修书求人的狷急之徒。其中“竿牍”指的是求人照应的信函。

⑥ 这个字读 juàn。“狷急”的意思是性情急躁，所以含有急于求成、急功近利等意思。

扫描收听有声版

蓓蕾

bèilěi

葛藟

“蓓蕾”常常联袂而出，一般情况下，“蓓”除了用于人的名字，很少单独使用；“蕾”则略有不同，它除了也常常用于人名并与“蓓”一同出现之外，往往还能单独使用或者与其他汉字一起出现，例如“破蕾、珠蕾、花蕾”等等。

小篆

隶书

楷书

行书

“蕾”这个字上边的“艹”表示它的意思与草木有关，下边的“雷”表示字的读音。根据《广韵》等古代工具书解释，它的意思是草木即将开花的样子，也就是含苞欲放的“蓓蕾”，例如宋代词人谢逸《醉桃源》：“花枝破蕾柳梢青。春寒拂面轻。”

另外据考证，这个字很早的时候还有一种字形是“藟”。而“藟”这个字

仙萼长春图之牡丹
清
郎世宁

除了“花蕾”的意思，还有其他两种基本含义：一种是葛藤一类的藤属植物；另一种是“秬①鬯②”，即香草酿成的一种美酒。例如《诗经·周南·樛木》：“南有樛③木，葛藟萦之”，意思是南边生长着枝条虬曲的树，上边缠绕着密密匝匝的藟藤。

我们平常使用“蓓”或者“蕾”的时候，常常容易出现一个带有共性的问题，那就是特别容易弄错它们的读音。

对于“蓓”而言，当它用在“蓓蕾”中的时候，人们一般不会弄错它的读音。然而奇怪的是，一旦当它出现在人名中

① 这个字读 jù，意思是黑黍。

② 这个字读 chàng，甲骨文字形像器皿中装着酒的样子，意思是用香草和黑黍酿成并用于祭祀或盛宴的美酒。

③ 这个字读 jiū，最初意思是枝条向下弯曲的树。

瓷胎画珐琅柳燕图碗
清

落墨

古木垂萝图轴
清
恽寿平

腊梅栖禽图
南宋
佚名

的时候，往往就会有人把它读成 péi。

而对于“蕾”，可以说绝大多数人可能都遇到过读错声调的尴尬。由于“蕾”构成的词语比较多，所以也让人防不胜防，就算不在此处出错，往往也会在彼处“小河翻船”。我们不妨想一想、读一读，“芭蕾、蕾丝、味蕾”等等，我们究竟能把其中的几个“蕾”真的读成第三声，而不是读成第二声。实际上，“蕾”只有第三声这一种声调。

再行一步

“蕾”之所以容易读错，其根源应当是下边的“雷”在作怪，因为“雷”的声调就是第二声。

当然，如果更严谨一些审视，像“芭蕾、蕾丝”这两个词语，它们是音译外来语词，所以弄错声调的原因或许也同外语词本来的读音有关。例如“芭蕾”就译自 ballet；而“蕾丝”则有两种来源，一个是 lace，另一个是 lesbian 的缩略形式 les。

来源于 lace 的“蕾丝”指的是用棉、丝等材料编织成的一种用于装饰衣物等的带子，也称作“花边”。而来源于 les 的“蕾丝”，其全称 lesbian 也译作“蕾丝边”。这两种说法却与丝、棉等制品全无关联，它们实际指的是对同性具有稳定爱恋倾向的女性，也就是俗称的“女同性恋”。

无论上面哪种意义的“蕾丝”，显然它们只是和一部分人有关系。而“味蕾”则与每个人都有关系，而且还是关系十分紧密的一种事物。

“味蕾”指的是我们口腔里面的味觉感受器，主要分布在

韩熙载夜宴图
五代
顾闳中

舌头的背面，特别是舌尖和侧缘，另外在软腭等处也有少量分布。它们的主要作用就是辨别酸甜苦辣咸等各种味道，一方面令我们享受美味，另一方面也可以让人躲避或抵制不喜欢的味道。

根据科学研究，味蕾所能感受的味觉可以分为甜、酸、苦、咸四种，其他如涩、辣等等，都是由这四种味觉融合而成。感受甜味的味蕾在舌尖比较多；感受酸味的味蕾在舌的两侧后半部分比较多；感受苦味的味蕾集中在舌头根部；感受咸味的味蕾在舌尖和舌头两侧的前半部分。

由此可见，在一般情况下，我们对甜、咸两种味道最敏感，因为食物等一进入口腔，舌尖最先分辨出的就是这两种味道。相对而言，酸、苦两种味道还有待位于舌头后半部分和舌根的味蕾去分辨。

图书在版编目（CIP）数据

花草字传．萌芽开花 / 张一清著．—济南：山东友谊出版社，2016.7

ISBN 978-7-5516-1067-4

Ⅰ．①花… Ⅱ．①张… Ⅲ．①汉字—通俗读物 Ⅳ．①H12-49

中国版本图书馆 CIP 数据核字 (2016) 第 163120 号

策划编辑：姜海涛
特约策划：龙朝朝
内文插画：姚　菲
　　　　　知更鸟插画生活馆
责任编辑：陈　菁
装帧设计：姜海涛
排版制作：安树仁

主管单位：山东出版传媒股份有限公司
出版发行：山东友谊出版社
地　　址：济南市英雄山路 189 号　邮政编码：250002
电　　话：出版管理部（0531）82098756
　　　　　市场营销部（0531）82098035（传真）
印　　刷：山东临沂新华印刷物流集团
版　　次：2016 年 8 月第 1 版
印　　次：2017 年 1 月第 2 次印刷
规　　格：135mm × 185mm
印　　张：4.75
字　　数：78 千字
定　　价：33.00 元